AF602223

NANCY, IMP. DE A. PAULLET.

UN MOT

SUR

LE RÉGICIDE

ET SPÉCIALEMENT

SUR L'ATTENTAT ET LE PROCÈS DE DARMÈS;

PAR C.-P. COLLARD,

MEMBRE DE LA LÉGION D'HONNEUR ET DU CONSEIL GÉNÉRAL DES VOSGES,
EX-SUBSTITUT A LA COUR ROYALE DE NANCY.

Dédié à la Coalition.

A PARIS,
CHEZ DELLOYE ET PAULIN, PLACE DE LA BOURSE.
A NANCY,
CHEZ GEORGE-GRIMBLOT, PLACE STANISLAS, 7,
ET CHEZ Mlle GONET, RUE DES DOMINICAINS, 14.

1841.

A M. Paillart,

Procureur-général du Roi près la Cour royale de Nancy.

Monsieur le Procureur-Général,

Décidé à abandonner le Parquet de la Cour, où ma santé ne me permettait plus de continuer dignement, et sans préjudice pour mes collègues, les fonctions que j'y remplissais depuis sept ans, j'aurais voulu défendre Darmès à la barre de la Chambre des Pairs.

Dans l'état de fièvre nerveuse où je me trouve, c'était une rude tâche pour moi; et c'était aussi, soyez-en bien sûr, une mission ingrate et dangereuse que je recherchais, car je me résignais à accuser jusqu'à mes amis politiques, à soulever contre moi toutes les passions, sans demander à aucune un peu d'aide et d'appui.

Mais enfin, et si vous parcourez cette brochure, peut-être le penserez-vous comme moi, il y avait, dans ce procès, un grand enseignement, et il fallait quelque courage pour le donner : j'ai déjà tant souffert dans la ligne de conviction où je n'ai jamais hésité, dont je n'ai jamais dévié, que je m'étais cette fois encore résigné.

Hélas! Monsieur, ce qui est arrivé m'a amené à de cruelles réflexions : c'est qu'il est des injustices contre lesquelles proteste vainement la vie d'un homme tout entière. En apprenant cette détermination qui, à mon grand regret, n'a pas eu de suite, vous et la plupart de ceux qui l'ont connue vous l'avez jugée si grave que vous n'osiez pas en parler; presque tous, vous vous êtes indignés; vous m'avez regardé comme une sorte de régicide; vous et moi, Monsieur, nous nous sommes séparés, après une collaboration de dix mois, sans qu'une parole amie m'exprimât un regret.

Ah! Monsieur, si le bon, si l'excellent et respectable M. Fabvier eût été encore à la tête du Parquet de la Cour, il m'eût moins promptement condamné; comme il savait, lui, mes antécédents, sa pensée aurait bien vite pénétré la mienne. J'ai souvent ouï dire qu'il fallait prendre le chef d'un Parquet loin du ressort qu'il doit diriger : vous voyez bien que ce n'est pas vrai, Monsieur, car il ne connaît pas ceux au milieu desquels il vient vivre.

Veuillez agréer, Monsieur le Procureur-Général, mes hommages respectueux.

C.-P. COLLARD.

Nancy, le 16 juin 1841.

UN MOT

SUR

LE RÉGICIDE.

I.

Darmès est mort : si dans la même tombe était enseveli à jamais le régicide, ces paroles que je publie seraient aujourd'hui superflues. Mais le supplice de Fieschi n'a point empêché le crime d'Alibaud : l'échafaud de celui-ci n'a pas fait reculer Meunier ; et il est déplorable de dire que Darmès est venu après eux tous, après la clémence comme après la rigueur.

Une autre tentative est donc par malheur encore possible : et ce n'est point chose inopportune dès lors de rechercher le caractère, les causes de celles déjà consommées ; de rappeler à ceux qui entourent le Roi, et à qui est confié surtout le soin de sauver sa personne, comment ils peuvent la protéger, mieux peut-être que par la surveillance de la police ou par la sanglante action du bourreau.

Il y a plus, et je le dis en gémissant, une autre tentative est aujourd'hui probable. Darmès, son procès l'établit, n'a point agi isolément : il a été, avec plus ou moins d'intelligence, l'agent d'une société terrible, dont l'assassinat du Roi paraît être le but, où il est la pensée de tous, où le sort peut en faire la mission de chacun. C'est bien peu connaître et la nature humaine et l'histoire que d'imaginer dissoudre, par la terreur de la mort, de si épouvantables associations. Là, au milieu de ces exaltations perverties, de ces natures féroces, mais fortement trempées, la condamnation est une iniquité, le supplice un martyre : l'une et l'autre ajoutent le besoin de la vengeance à l'ardeur et aux difficultés de l'attentat. D'ailleurs, Darmès est mort avec le stoïcisme le plus capable d'impressionner ses complices : il n'a rien révélé : il n'a pas faibli aux débats : l'échafaud l'a trouvé impassible : son dernier mot a été un cri de fanatisme et de haine; et il ne semble s'être pourvu en grâce que pour mieux montrer aux sociétés secrètes qu'elles doivent être implacables dans leur affreux projet comme le Gouvernement lui-même dans sa sévérité.

Tout cela, qu'on en soit assuré, n'a pas été perdu; j'en crois la tristesse de mon cœur, le sort a déjà désigné un nouveau nom, et l'assassinat, à l'heure où j'écris, guette encore le monarque aux environs de son palais. Dieu veille sur lui comme il y a veillé jusqu'ici!...

Les déductions qui précèdent sont trop naturelles, trop logiques pour avoir échappé à la haute sagesse de la pairie : j'en ai la conviction, elle a pensé comme moi que le crime de Darmès n'était pas à lui seul, et que, dans ce cas, son supplice ne serait guère qu'une provocation de plus à de nouveaux régicides....

Comment donc cet homme a-t-il été livré au bourreau? Eh! mon Dieu, c'est que la pairie n'a vu dans Darmès qu'un assassin, et qu'elle lui a appliqué la loi; c'est que le ministère, découragé par l'inutilité de la grâce donnée à Meunier, a voulu laisser son cours à la justice.

Eh bien! il y avait pour la pairie un parti à prendre, et

qui n'avait point été essayé encore ; parti qui excluait la condamnation et la grâce ; parti plus juste peut-être, plus efficace aussi que l'une et l'autre : c'était de déclarer Darmès atteint de folie ; et de l'enfermer, confondu avec des insensés, pour la vie entière.

Ce parti, la politique anglaise l'a adopté il y a peu de temps, alors que les jours de la reine Victoire ont été menacés : et véritablement j'aurais voulu que la pairie s'y arrêtât comme Mᵉ Pinède l'en a sollicité par sa plaidoirie.

Je l'aurais voulu pour la sécurité du Roi ; car là où une pensée de mort est, à mon sens, impuissante, exacerbatrice même, une déclaration de folie aurait été aussi inattendue qu'efficace. Les voyez-vous réunis en effet ces sombres régicides? ils se croient des héros, ils sont prêts à devenir des martyrs ; et la Chambre des Pairs, appuyée par toutes les sympathies de l'opinion, aurait jeté au milieu d'eux cette grande ironie : Vous, des héros! vous n'êtes que des insensés.... Vous, des martyrs!... vous ne serez que des malades.... Au lieu d'échafauds, nous vous ferons donner des douches. Vous êtes fous, vous êtes dangereux ; vous vivrez avec des fous ; nous vous mettrons la camisole de force. Eh! croyez-le bien : cet avenir de folie, de détention perpétuelle, de médecine et d'hôpitaux, toutes choses que leurs esprits n'avaient ni prévues ni redoutées, pouvait, plus que tout autre, empêcher de nouveaux et exécrables attentats.

C'est une chose remarquable ! le ministère public l'a dit dans son réquisitoire, M. le Rapporteur dans son exposé, et la Chambre des Pairs en est convaincue : Darmès a été le bras d'une faction ; son crime est celui de *plusieurs* : il y en a donc *plusieurs* qui l'ont conçu, *plusieurs* qui sont prêts à le continuer ; *plusieurs* par conséquent que l'on n'a pu atteindre, et que, cependant, il faut désarmer pour que le Roi puisse faire un pas dans Paris, se montrer à une fenêtre et y respirer le grand air..... Et on n'a rien trouvé de mieux que de condamner Darmès à mort, que de l'exécuter! Comme intimidation, qu'est-ce que cette exécution cependant? une menace de mort contre ceux qui l'imiteraient, n'est-ce pas? Eh! ne savez-vous pas que la mort n'est rien pour le fanatisme politique, quelles que soient son époque et sa couleur. En France surtout la crainte sérieuse de la mort n'est nulle part parmi les hommes d'action, qu'ils soient dans les rangs de l'armée, de la milice bourgeoise, du peuple insurgé ou des sociétés secrètes. Ne parlez donc pas de la mort à ceux qui ont poussé, assisté Darmès : vous ne leur dites rien qu'ils ne sachent; vous ne les arrêtez point par quelque chose d'imprévu; depuis longtemps ils considèrent votre barre comme un sanctuaire de célébrité, l'échafaud comme un piédestal : il y en a dix parmi eux, peut-être, qui accepteraient l'une et l'autre avec empressement au prix de la vie du Roi.

Ce qui les a conduits là, ces hommes, ce sont des théories déréglées et incendiaires; c'est une haine longuement nourrie contre la royauté; c'est l'espoir qu'en tuant le Roi ils bouleverseront la France; c'est la fausse idée que l'assassinat politique n'est pas un crime comme un autre; c'est l'amour-propre d'oser ce que n'ose point tout le monde, de grandir aux yeux d'une faction, de se draper et de mourir sur un grand théâtre. Tout cela s'est infiltré, infusé dans leurs âmes : si vous voulez les dissoudre, ce n'est pas en tuant l'un d'entre eux; c'est en attaquant, en détruisant leurs idées que vous avez quelque chance d'y parvenir : encore une fois, dites-leur qu'ils sont des fous; témoignez-leur que ces théories qu'ils sont habitués à croire grandes et fortes, ce sont des folies; cette horreur de la personne du Roi qu'ils ne connaissent pas, une folie; cet espoir de révolutionner la France par la mort de qui que ce soit, une folie ; cette soif d'une hideuse célébrité, décernée par l'assassinat et par l'échafaud, une folie..... et quand ils vous verront proclamer tout cela ; et puis les traiter non en ennemis mais en insensés ; les prendre non en haine mais en dédain et en pitié, peut-être apercevront-ils leur position, leurs projets sous un aspect nouveau, aspect auquel ils n'avaient point songé ; aspect décoloré, terne, ridicule, propre à révolutionner leurs pensées, à réactionner leurs âmes.

Ce que je dis ici peut sembler extraordinaire : mais enfin on a fait l'essai en Angleterre, et il me paraît qu'on s'en est bien trouvé, car l'Angleterre n'est guère moins aujourd'hui agitée que la France ; la reine et le prince Albert se montrent en public beaucoup plus fréquemment que Louis-Philippe, et cependant aucune tentative nouvelle de régicide n'est venue effrayer les trois royaumes. Et puis si un jour quelqu'un eût dit : voici une émeute, ne lui jetez pas de balles ; jetez-lui de l'eau..... le moyen eût paru fort extraordinaire aussi. Néanmoins il a été très-spirituellement employé par un brave général, et il a réussi : les gens que le fer n'eût pas fait reculer, se sont sauvés devant quelques gouttes d'eau : c'est qu'en effet ils pouvaient s'attendre à quelque charge de cavalerie, mais ils ne comptaient pas être aspergés. Or, les régicides calculent, eux aussi, sur la mort, mais non sur la camisole de force.

En résumé, quelles que soient nos luttes intérieures et nos discussions politiques, il y a longtemps que, pour l'honneur de notre civilisation, ces tentatives de régicide nous devraient être étrangères : on leur a opposé la mort, elles ont persisté ; la clémence, elles ont persisté encore. Il ne restait à leur opposer que l'hôpital : et je regrette profondément qu'on ne l'ait pas fait.

II.

Ce n'eût pas été seulement une nécessité politique d'agir ainsi : il y a peut-être, sur cette question, un grand et réel doute médico-légal : des auteurs célèbres, Georget entre autres, ont soutenu que le fanatisme poussé à l'excès est une véritable monomanie : or, un fanatisme politique qui porte des êtres aussi abrutis, aussi profondément ignorants, aussi complétement désintéressés, en fait, dans le résultat, que l'étaient Fieschi, Alibaud, Meunier et Darmès à attenter, au risque de leurs vies, à la personne du chef de l'Etat, n'est-il pas le fanatisme poussé à son plus haut degré d'exaltation? Cela est tellement étranger à la nature, à nos mœurs, à la raison, à quelque intérêt immédiat ce puisse être, qu'à part la thèse scientifique elle-même, le simple sens commun suffit pour amener, dans tous les esprits droits et calmes, l'idée de la folie.

Que Gustave III soit tombé sous le poignard d'un noble suédois dont le crime faisait, à l'instant même, une révolution au profit des conjurés, cela se conçoit : l'homme était masqué ; le tumulte d'un bal semblait lui promettre l'impunité : et, en sa qualité, il profitait aussitôt des conséquences de son attentat : la raison et l'intérêt du fait s'aperçoivent : il n'y a plus folie, il y a crime.

Mais entre Darmès et Louis-Philippe qu'y a-t-il en vérité? celui-ci mort, une révolution ne se ferait pas : se fît-elle même, comment pouvait-elle être utile au FROTTEUR DARMÈS? La raison sépare ces deux faits de Darmès tuant Louis-Philippe, et de Darmès profitant de cet attentat par un si incommensurable précipice, qu'il peut être comblé par la folie seule, ou du moins par un fanatisme si exalté, si irréfléchi, si furieux, si sanguinaire qu'on peut le tenir pour folie.

III.

Que ce soit folie ou non, c'est un fait bien remarquable que toutes ces tentatives d'assassinat dirigées, en France, depuis dix ans contre la personne du Roi. Le règne de Louis XVI fut agité : il n'a pas trouvé un régicide. Les maîtres si sanguinaires de la Révolution française n'en ont eu qu'un seul pour eux tous, Charlotte Corday ; l'Empire n'a subi, parmi nous, que l'attentat de la rue Saint-Nicaise ; l'unique crime de Louvel a ensanglanté la Restauration. Depuis longtemps l'Europe ne nous a présenté qu'un attentat de cette nature, celui dirigé contre la reine Victoire. Et cependant combien de vicissitudes, de troubles, d'émeutes, de révolutions, d'intérêts dynastiques et populaires se sont tour à tour ou tous ensemble disputé la scène du monde!

A partir de 1830, nous avons eu l'attentat dit du Pont-Royal, celui de Fieschi, celui d'Alibaud, celui de Neuilly, celui de Meunier, celui de Darmès.... en tout six, c'est-à-dire plus qu'en France depuis cinquante ans, plus qu'en Europe depuis plus de vingt ans....

Un autre fait aussi digne d'attention, c'est que tous les assassins connus, Fieschi, Alibaud, Meunier, Darmès, sortent des rangs les plus obscurs de la population, les plus étrangers, en apparence, par leur position, leurs connaissances à la vie publique. Il semblerait que ces hommes n'eussent jamais dû même s'inquiéter s'il existait un roi en France ; et que, repoussés par nos mœurs constitutionnelles, aux rangs où cessent les plus extrêmes oscillations du mouvement politique, leur rôle se bornât à regarder insoucieusement s'agiter au-dessus d'eux les passions et les tempêtes.

Mais enfin, les faits sont là ; il y a eu, depuis dix ans, six tentatives de régicide, et la plupart ont été commises par de simples ouvriers : si, dans de telles circonstances, le régicide est un fanatisme, comment ce fanatisme s'est-il si largement répandu dans la classe qui en paraîtrait le moins susceptible ?

IV.

On a accusé la presse : je sais bien que des œuvres féroces, celles de Marat, de Saint-Just, etc., ont été répandues à foison ; et, pour le dire en passant, le Gouvernement aurait peut-être dû apporter plus de soins à en empêcher la reproduction qu'à poursuivre les homélies philanthropiques de M. de Lamenais, etc. Je sais aussi que la presse quotidienne extrême a, soit volontairement, soit sans le désirer, violemment excité les passions populaires.

On a accusé les sociétés secrètes : je reconnais toute leur influence sur de semblables crimes : là se réunissent les hommes les plus exaltés, les natures les plus insoucieuses du péril, les plus sanguinaires ; là, un faux point d'honneur lie les hommes et les pousse, comme un laminoir, en les façonnant à chaque pas, vers la seule issue ouverte ; là, de sombres cérémonies, des serments impies, des dogmes odieux, et à toute minute sanctifiés, pervertissent la raison, la conscience, dominent le cœur, la tête, tous les sens et toutes les passions ; là, on voit la tyrannie, la trahison, la perfidie, la cupidité, l'ambition dans tout ce qui fait ou ce qui peut faire obstacle, et on désigne à la mort l'ambition, la cupidité, la perfidie, la trahison et la tyrannie ; là enfin on estime le sang humain à peu près ce qu'un boucher compte le sang des brutes.

Tout cela, je le concède, est la complicité de la presse et celle des sociétés secrètes dans le régicide. Mais ce n'est pas tout d'arriver à la cause la plus prochaine d'un fait quand on s'est donné ou qu'on a reçu la mission de l'étudier. L'anatomiste qui enlèverait seulement la peau d'un cadavre ne connaîtrait pas le corps de l'homme ; et celui qui se bornerait à remonter jusqu'à la source d'un fleuve, ne pourrait pas dire comment il s'est formé et produit sur la terre.

V.

Pour que la presse populaire jette avec fruit ses germes de mécontentement, il faut qu'elle trouve une terre disposée à les recevoir : pour que les ouvriers se pressent dans les sociétés populaires, il faut qu'ils y espèrent un remède à des maux qui les assiègent ; pour qu'enfin et la presse et les sociétés secrètes parviennent à armer, dans les classes inférieures, autant de bras contre le monarque; il faut qu'elles gémissent sous un malaise dont elles se croient en droit de l'accuser.

J'ai ouï dire qu'en Autriche, dans cette terre classique de la vieille royauté, pays de droit divin s'il en fut, pays de droit absolu à peu près, où, si l'on n'est pas libre en France, on doit dire que le peuple est mille fois esclave, le souverain se montre seul dans les rues, fréquente sans suite les lieux publics, salué partout, partout béni, jamais assiégé ou poursuivi d'assassins, aussi rempli de sécurité sur le trône impérial que son bon ancêtre Léopold dans le palais ducal de Lorraine : j'ai parcouru moi-même le pays de Bade, pays constitutionnel il est vrai, mais moins riche de liberté que la France, et j'ai vu partout la sympathie des sujets pour le prince, j'ai entendu les accents d'amour aller vers lui dans son absence; sa voiture m'a toujours apparu sans gardes, sans surveillance : l'an dernier la grande-duchesse Stéphanie était malade et les étrangers eux-mêmes, émus de la douleur publique, se sont spontanément abstenus des fêtes accoutumées.

Qu'en Autriche donc, que dans cette vaste famille de Bade,

la presse soit déchaînée comme elle l'est en France, ses fureurs, je le dis hautement, seraient à peu près impuissantes pour organiser tant et de si féroces sociétés secrètes; et, soit directement, soit par l'intermédiaire de ces sociétés, elle ne trouverait certainement pas six régicides en dix ans.

C'est qu'en Autriche et dans le grand-duché de Bade, l'aisance est à peu près partout; c'est que les sages efforts du Gouvernement, au lieu d'être consumés en des luttes stériles et malfaisantes, tendent à l'accroître sans cesse : c'est que là le prince peut beaucoup, qu'il veut et qu'il fait tout ce qu'il peut pour les besoins du peuple. Or, quand les populations sont heureuses, qu'elles reportent leur bonheur vers le souverain, il ne reste plus, pour le régicide, que l'inspiration des vengeances particulières.

En France, au contraire, les classes ouvrières sont malheureuses, accablées de besoins, de misère et d'impôts; elles sont trop peu éclairées pour ne pas reporter exclusivement leurs maux vers le chef de l'État, auquel ellesattribuent un pouvoir qu'il n'a pas : et Dieu sait si les factions ont compris ces deux faits; si elles en ont su profiter!....

Je m'empresse de le reconnaître cependant, le Roi et les divers ministères qui se sont succédé ont cherché à développer l'industrie et à donner de l'occupation aux ouvriers. Mais ce ne sont pas quelques millions employés à des travaux extraordinaires qui concentrent, pendant quelques mois, sur un point, des ouvriers nomades que leur confection laisse ensuite sans travail; ce ne sont pas des développements intérieurs de voies de communications, des canaux, des chemins de fer, des routes et des chemins vicinaux; ce n'est pas une galvanisation momentanée des forces productrices de l'industrie intérieure que le défaut d'une consommation relative paralyse à chaque instant: non, ce ne sont pas d'aussi faibles efforts qui peuvent créer et soutenir une industrie nationale capable de verser la richesse et l'aisance sur 34,000,000 d'hommes.

C'est à de plus larges, à de plus vastes moyens qu'il faut recourir : la France étouffe aujourd'hui dans ses limites; elle se débat, elle se déchire le sein comme un homme que l'on aurait, vivant, enseveli, sans aliments et sans air, dans un cercueil étroit : il faut briser le cercueil; il faut rendre l'air, le pain, la lumière et l'espace au corps social qui en a besoin et qui les veut.

VI.

Ce n'est pas l'aggrandissement territorial que j'appelle ici de mes vœux. Sans doute je voudrais comme un autre que les limites du Rhin fussent rendues à la France : fils d'un soldat mort à Wagram, j'ai souvent gémi de voir que tant de sang versé, que de si longues, si opiniâtres guerres, que tant de victoires aient, en définitive, laissé le front de la France courbé sous les traités de 1815 : mais il faut, en tout, de la mesure : la guerre est impie quand elle n'est pas commandée par toutes les nécessités sociales. Si notre drapeau a été obligé de se reculer du Rhin devant l'Europe coalisée ; si, après cent victoires, une seule défaite nous a conduits où nous en sommes, serait-il sage de rouvrir toutes les plaies de la patrie, d'ameuter une fois encore contre nous et les rois et les peuples, de livrer, en un jour, au hasard des batailles et la civilisation, et le sang et la liberté de la France? Non, non, sachons, tout en le déplorant, accepter un fait accompli : d'ailleurs ce n'est pas l'étendue d'un pays qui décide de son bonheur : c'est sa sage administration, c'est le développement régulier, savant et ferme de ses facultés intérieures.

La première, c'est son aptitude agricole. Le sol de la France est vaste : on a prouvé qu'il produirait facilement un tiers de plus : si j'en juge par les contrées que je connais, c'est même une évaluation trop faible. Eh bien! l'agriculture ne produit pas assez : elle pourrait produire davantage. C'est là, incontestablement, une grande ressource pour la richesse publique. Qu'ont fait, depuis dix ans, les ministères qui se sont succédé, opposition, tiers-parti et centre droit, pour l'exploiter et l'étendre? l'industrie des tabacs est toujours monopolisée ; celle du sucre indigène lutte péniblement contre le système colonial ; celle des vins languit dans la double étreinte des prohibitions de douanes et des impositions directes, indirectes et d'octroi : à la rigueur, je ne critique pas tout cela ; je sais que ces questions sont délicates, complexes, et qu'on ne saurait les aborder avec trop de réserve. Mais les tabacs, les sucres, les vins, ce sont là trois des productions les plus séduisantes pour l'agriculture, trois des plus populaires, des plus en rapport avec les tendances actuelles de la production. Si le Gouvernement était résolu à les traiter comme il le fait, soit : mais ne devait-ce pas être à charge de remplacer largement les industries qu'il proscrit, qu'il condamne ou qu'il écrase? Je ne puis indiquer ici ce qu'il y avait à faire : cela devait varier pour chaque pays : en Lorraine, par exemple, pousser les populations vers les prairies artificielles et la production du bétail. J'étais dernièrement en Touraine, au-delà de Loches : là, se trouvent incultes, couverts de bruyères, des terrains immenses désertés par la culture, dans lesquels le bois vient à merveille, mais où les simples particuliers ne se soucient pas d'en semer pour ne les couper, en taillis, qu'après une quinzaine d'années : acheter ces terres à vil prix comme elles le sont ; les couvrir de bois par la vente de quelques coupes extraordinaires faites en d'autres parties de la France, les garder ou les revendre après quinze ou vingt ans, ce serait, de la part du Gouvernement, et tout à la fois, faire une bonne opération et élever la valeur des terres du pays. C'est ainsi qu'en étudiant la nature des terrains, les aptitudes et les besoins de toutes les contrées, les tendances les plus heureuses de chacune d'elles, le Gouvernement pourrait se mettre en mesure de donner aux populations une direction utile, et les pousser ensuite dans la voie indiquée par le système bien entendu des primes. Mais ce que le Gouvernement devait surtout, non plus dans telle ou telle contrée particulièrement, mais pour toute la France, c'était de fonder, sur tous les points, l'enseignement agricole que je réclame depuis huit années avec une instance que rien ne découragera (1); et je ne veux pas parler de quelques instituts de haute instruction, créés pour les grands propriétaires, comme Roville, par exemple; mais d'écoles modestes, fondées par département, par arrondissement peut-être; accessibles aux plus humbles positions; où le fils du pauvre cultivateur s'instruira à de simples et rapides leçons, tout en mangeant du lard et en conduisant la charrue, comme il le ferait chez son père : voilà l'enseignement agricole que je conçois, que je réclame, vaste dans son organisation, modeste dans son prix, simple dans ses préceptes, et unissant aussitôt la pratique à la théorie : celui-là seul peut être de l'immense utilité que je prévois; celui-là seul, secondé par le système des primes, révolutionnerait l'agriculture, la tirerait de sa langueur actuelle pour lui donner toute sa puissance et toute sa vie!....

Et l'industrie! est-elle aujourd'hui ce qu'elle pourrait, ce

---

(1) Voyez *Coup-d'œil sur l'état de l'instruction publique en France et sur les développements qu'elle exige.* — Paris, 1835, Levrault, libraire.

qu'elle devrait être en France? Dès 1830, elle avait voulu prendre son essor : hélas! la pauvrette est venue se brûler les ailes au macairisme et aux faillites : comme un oiseau blessé, elle parcourt le sol de la France s'élevant de quelques pieds, puis retombant lourdement sur la terre. On peut le dire hardiment, telle qu'elle est à présent, l'industrie est, pour le pays, une plaie plutôt qu'un avantage : les gens sensés la redoutent, les capitaux s'en défient et s'en sauvent : on aime mieux retirer du sol deux, un et demi même, que de demander six, dix ou quinze à l'industrie.

D'où vient cela? Le Gouvernement affecte pour l'industrie une tendresse toute spéciale : il a essayé en sa faveur quelques traités de commerce : il lui a donné les canaux, les chemins de fer : il a multiplié les concessions de cours d'eau, d'usines ; il lui a prêté quelquefois de l'argent : et, cependant, je le répète, l'industrie, en France, reste sans énergie et comme paralysée.

C'est qu'à l'industrie d'un grand peuple il faut le commerce du monde ; et que le nôtre a été sacrifié partout à l'alliance de l'Angleterre. Nous voulons avoir, comme celle-ci et comme la Hollande, des chemins de fer et des canaux : jusqu'à présent ces prétentions n'ont guère abouti qu'à des pertes pour les actionnaires : parce que nous oublions que de telles entreprises ne peuvent s'établir utilement qu'entre les centres d'une énorme circulation ; que l'Angleterre et la Hollande ont su devenir les entrepôts les plus vastes du commerce européen.

Et nous! notre industrie meurt presque étouffée dans les limites de la France. Une alliance funeste, celle de l'Angleterre, nous a enlevé notre rang en Europe, et partout, s'est élevée devant le commerce français. En Belgique, en Espagne, en Portugal, en Egypte, en Turquie, à Alger même, en tous lieux enfin, ce nid de corsaires et de pirates, que l'on nomme l'Angleterre, s'est trouvé devant nous. Aujourd'hui elle dispute Lahore à nos sympathies; et telle est l'intimité, la sécurité de cette alliance, qu'un consul anglais, dans son insolente fierté, n'a pu se résoudre à voir le drapeau tricolore, le drapeau de Trafalgar et d'Aboukir briller à la droite des armes des États-Unis. Oh! je ne veux pas de guerre pour une augmentation territoriale, je n'en veux pas pour répandre des idées bonnes ou mauvaises loin de notre territoire, je ne veux pas de guerre européenne, mais avec quel plaisir je saluerais la nouvelle d'une guerre qui aurait pour but les vrais et justes intérêts de la France! d'une guerre qui soutiendrait dignement l'égalité de notre commerce avec celui d'Angleterre! alors nos chemins de fer, nos canaux serviraient au pays et ne ruineraient plus leurs entrepreneurs; alors on ne verrait plus déserte et renversée par une faillite l'an d'après, la manufacture qu'un an auparavant on avait visitée pleine d'activité et florissante; alors notre industrie, trouvant à s'épencher au dehors, irait par cette large issue, au lieu de se consumer elle-même par la mauvaise foi, les déceptions ou de malheureux efforts; alors l'aisance se répandrait sur les classes ouvrières des villes par l'industrie, comme sur celles des champs par l'agriculture; et la presse dirait vainement au peuple qu'il est malheureux; et les artisans de trouble et de régicides chercheraient plus vainement encore, dans ses rangs, des sectaires ou des assassins!

On a souvent parlé des antipathies naturelles: souvent elles naissent, presque à leur insu, dans le cœur d'hommes qu'une rivalité encore inconnue met en opposition: on en dira ce qu'on voudra, de telles antipathies, sans doute parfois injustes, sont le plus souvent justifiées. Eh bien! il existe entre la France et l'Angleterre une de ces vieilles et éternelles antipathies ! Le Gouvernement anglais semble l'avoir déposée pour nous mieux tirer à sa remorque : un instant nous l'avions oubliée en France, par l'empire des idées de philanthropie générale, et aussi par le cours des événements accomplis : mais le bon sens public la renouvelle enfin. Nous devons rompre l'alliance anglaise, car nous sommes les ennemis naturels de l'Angleterre ; elle est trop près de nous ; elle a trop d'intérêts rivaux avec les nôtres ; elle est trop intéressée à nos luttes intérieures, à notre affaiblissement au dehors, à notre ruine partout, pour que notre union avec elle ne nous coûte pas beaucoup.

Je viens de le démontrer, le Gouvernement, tout en voulant servir et l'agriculture et l'industrie, ne les a pas suffisamment développées ; de là une gêne, un malaise général qui ont plus particulièrement pesé sur les classes inférieures. Il faut ajouter l'énormité des impôts en principal et en centimes additionnels de toute nature ; impôts toujours croissants, et que de récents événements ont élevés si rapidement et si haut que la sollicitude des Chambres s'en est enfin émue. Il faut tenir compte aussi de l'abaissement flagrant où nous avons vu naguère la France en présence de l'Europe ; la France si forte, autrefois si puissante et si respectée ! vainement on le nierait, le sens intime nous avertit tous ; et d'ailleurs nos voyageurs reviennent chaque jour au pays le cœur navré soit de l'attitude de nos représentants près les cours étrangères, soit des vexations par eux subies, soit des propos qu'ils ont recueillis : oui, tout le monde croit en France à l'abaissement de la France ; et c'est, qu'on le sache bien, un poids énorme sur le cœur des amis vrais et dévoués de la monarchie de juillet.

VII.

J'ai énuméré rapidement les griefs que, dans mes vastes relations, que, par la lecture des documents de la presse et de la tribune, j'ai jugés les plus généraux : on le voit, je me suis attaché à ce qui cause, surtout, le malaise physique ou moral de la nation : l'abandon de l'agriculture, la ruine de l'industrie, la surcharge des impôts, l'affaiblissement de l'influence française.

Or, ces maux, nous savons d'où ils dérivent : notre affaiblissement au dehors tient surtout à notre isolement; et celui-ci à notre permanence révolutionnaire, aux inquiétudes qu'en conçoivent les gouvernements européens. Par l'effet d'ambitions effrénées, toutes les forces publiques du pays se consument en luttes ministérielles; et elles sont si fréquentes, elles portent aux affaires tant de pauvres intelligences et si peu d'hommes d'état véritables, qu'il doit en résulter, au dehors, la plus misérable, la plus incohérente diplomatie du monde. Ces mêmes causes ne permettent ni de réaliser un système de réduction des impôts, ni d'organiser sur une vaste échelle les développements de la prospérité intérieure. Tout cela, nous le savons ; mais on ne le sait pas, ou on ne veut pas le savoir dans les clubs, dans les sociétés secrètes : là, tous les maux dont la France est affligée, c'est le Roi qui les cause : là, le Roi qui, à la rigueur, et dans le véritable sens de nos mœurs constitutionnelles, pourrait ne pas avoir la liberté de nommer un juge de paix, si son conseil la lui refusait, là le Roi est censé gouverner seul, tout vouloir et tout faire.

Ces inspirations viennent sans doute immédiatement aux sociétés secrètes de la presse démagogique; d'une manière moins directe de la presse radicale. Mais est-ce là tout? et la main sur la conscience, tout le monde en France aujourd'hui n'est-il pas un peu complice et des sociétés secrètes et des régicides qui en sortent?

C'est parce que je le pense, c'est parce que j'ai besoin de le dire, que j'aurais voulu faire entendre ma voix à la barre de la Chambre des Pairs; et que, ne l'ayant pas pu, je me suis résigné à écrire ces lignes dont, à l'avance, je déplore l'inévitable obscurité.

La Charte a voulu que le Roi restât inviolable: inviolable pour la discussion comme pour la responsabilité; pour l'éloge comme pour le blâme. Et que se passe-t-il depuis quelques années? C'est que le nom du roi est, à chaque minute, dans toutes les bouches.

D'une manière plus ou moins transparente, selon sa ligne politique, chaque journal nous montre le Roi dominant les affaires publiques, les conduisant selon son gré, envers tous les obstacles et toutes les oppositions. Si un ministère tombe, c'est le Roi qui le veut; si un autre lui succède, c'est la volonté du roi; avons nous la guerre, la paix, encore et toujours, c'est par la volonté du Roi: de là est née cette locution de la *volonté immuable* dont la célébrité peut lutter avec celle des *jésuites* de la restauration. Notez que je n'inculpe pas seulement la presse de l'opposition dynastique: il en est une autre, aussi peu constitutionnelle en fait, qui reporte souvent vers le trône la louange de ce qu'elle croit bon, sans penser certainement que ce qui est bien pour elle ne l'est pas pour d'autres, et que la louange qu'elle décerne devient un blâme dans d'autres esprits.

Ce n'est pas seulement la presse, ce sont aussi les hommes d'état principaux qu'il faut encore accuser: n'ont-ils pas, soit à la tribune, soit au dehors, non pas directement sans doute, sous la protection de tous les ménagements, de tous les artifices, mais enfin d'une manière très-claire, et j'en appelle à la conscience publique, fait remonter jusqu'au trône la direction suprême, obstinée des affaires publiques?

Il y a plus, c'est que la Chambre elle-même a émis cet avis : qu'est ce grand acte d'union entre la droite, la gauche et une partie des centres, cette *coalition*, de si déplorable souvenir, si profondément désorganisatrice, plus profondément démoralisante encore, sinon une accusation contre le Roi?

Et maintenant, dites, n'est-il pas à peu près unanime de penser aujourd'hui en France, dans les châteaux, dans les chaumières ; ne répète-t-on pas, en tous lieux, de Paris au moindre hameau, du café anglais jusqu'au plus humble cabaret de village, que le Roi règne et gouverne, qu'il veut et qu'il fait tout ce qui se fait et dans le pays et au dehors.

Et lorsque la presse l'a dit, que les hommes d'État l'ont dit, que la Chambre l'a dit ; lorsque tout le monde le répète et le croit, vous voulez qu'on ne le pense pas dans les clubs, dans les sociétés secrètes? ce qui a été pour vous, gens du centre droit et du centre gauche, tous ou à peu près, hommes calmes, froids et sages, un motif d'animosité suffisant pour que vous tendiez, à gauche et à droite, la main aux ennemis invétérés de la monarchie de juillet, vous voulez que des hommes aigris, exaltés, violents ne le ressentent pas avec haine, avec fureur? Ah! ne voyez-vous pas que pour vous tous la pensée est la même : seulement elle se traduit d'une manière différente : chez vous par la coalition, chez eux par le régicide.

Ah! j'ai bien compris que, dans le temps de cet inconcevable vertige, les partis extrêmes vous donnassent la main. Mais vous! croire qu'il leur importait réellement que M. Thiers ou tout autre gouvernât au lieu de M. Molé ; qu'ils tenaient sérieusement à fonder, parmi nous, la vérité du

Gouvernement constitutionnel dont ils ne veulent point, à affermir la dynastie en retenant avec vous son chef dans les limites du pouvoir légal qui lui est conféré! vraiment, c'était par trop de bonhomie. Aujourd'hui vous connaissez leur pensée, leur but véritables : les partis extrêmes savaient bien que dépopulariser, abattre le chef d'une dynastie, c'est compromettre l'avenir de la dynastie entière : le roi de Rome est parti avec Napoléon, deux générations de rois avec Charles X. Or, ils savaient aussi leur impuissance à le faire seuls : leur haine était notoire ; la vérité même dans leurs bouches aurait été suspecte de calomnie. Vous leur êtes venus en grande aide, et ils vous ont acceptés avec joie : vous avez dit avec eux, plus qu'eux, que le Roi dirigeait et voulait tout diriger en France ; et ils vous ont laissé dire, bien sûrs que votre voix leur ouvrirait l'accès, et qu'à l'abri de vos accusations ils pourraient déchaîner toutes les leurs.

Aussi, voyez aujourd'hui! c'est le Roi qui a voulu la guerre, et qui par là a grevé le pays d'un surcroît énorme de charges : puis, c'est lui qui ne l'a plus voulu, et qui, ainsi, a mis à nu la faiblesse, je dirais presque la prostration de la France ; deux énormes causes d'impopularité se liant, s'enchaînant l'une à l'autre, bien que séparées par l'abîme d'un changement ministériel! Est venue ensuite cette résolution de fortifier Paris, résolution destinée à une immense et prochaine répulsion, résolution grosse de soupçons, de défiances, de luttes pour un avenir peu éloigné, résolution dont la stratégie étrangère se rit parce qu'elle sait qu'elle en triompherait en changeant son mode d'attaque de 1815, et dont l'inquiétude publique s'alarme déjà. Ensuite, et tour à tour, se sont produites et les lettres de 1808, attribuées au duc d'Orléans, et les lettres de la Contemporaine attribuées au Roi ; voici venir le procès de Grenoble ; on parle encore d'autres lettres venant de Mme de

Feuchères : Dieu sait où s'arrêteront ces débordements!...

Mais il faut bien le constater, car c'est un fait malheureux, déplorable, et cependant réel : de ces accusations de la presse et de la tribune, de ces clameurs poussées par les partis extrêmes et auxquelles se sont mêlées parfois des voix qui jamais n'auraient dû se confondre avec elles, il est sorti, pour l'opinion publique, une vague inquiétude, un soupçon, une arrière-pensée dont les esprits les plus fermement amis de la monarchie de juillet ont parfois peine à se défendre. Les partis le voient, et leurs efforts en redoubleront certainement.

Que l'on parle après cela de l'inviolabilité royale; à quoi l'a-t-on réduite en réalité? Je sais bien que le parlement ne mettra pas le Roi en accusation : mais je sais bien aussi que la désaffection du Roi peut s'empreindre profondément sur les choix électoraux et compromettre ainsi et la dynastie et la forme du Gouvernement même ; et que l'inviolabilité du Roi ne le couvre ni contre les conséquences d'une opposition parlementaire violente, ni contre une insurrection, ni contre le régicide : et je le demande hautement, la presse, même dynastique, même gouvernementale, la tribune, la coalition, toutes ces menées, toutes ces accusations, qui partent de tant de côtés, ne tendent-elles pas à la désaffection du monarque?

Non, non, l'inviolabilité royale n'existe pas, elle n'est qu'un mot vide de sens du moment où le nom du Roi pénètre dans la discussion ; et, depuis quelques années, il y est entré de toutes parts : ennemis et amis l'y ont jeté également.

VIII.

Mais enfin, dira-t-on peut-être, si cette imputation était vraie, si le Roi se mêlait en réalité de la direction des affaires publiques plus et autrement que ne le veut la Charte, ne pourrait-on le dire, le proclamer, en faire un texte fondé d'accusations contre lui, s'appuyer sur l'opinion elle-même pour le ramener dans les limites de la constitution ? Non : une presse bien disciplinée et convenable, des hommes d'état habiles, une Chambre forte et éclairée ne le devraient pas. Ce n'est point par des paroles empreintes d'irritation et d'impuissance que, tous ensemble, ils refouleraient le Roi dans la constitution ; ce serait par les obstacles mêmes qu'ils feraient naître à chaque minute sous ses pas : la constitution ne permet pas que le Roi puisse rien sans son ministère : un ministère éclairé et ferme, appuyé, soutenu et par une presse vraiment parlementaire, et par une majorité forte, homogène, serait dans toutes les éventualité, hors celle d'un coup d'état qui n'a pas eu lieu, une insurmontable barrière.

Je n'examine pas si Louis-Philippe, par son ascendant sur les ministères qui se sont succédé, a dominé les affaires du pays ; si, par son ascendant sur les Chambres, il a obtenu constamment les ministères qu'il voulait ; si enfin cet ascendant, à le supposer exact, a été heureux ou regrettable : je soutiens seulement que le Roi n'est pas sorti du texte de la Charte, et qu'on le prétendrait vainement, car il n'a rien fait ni en dehors de la responsabilité d'un ministère, ni contre la majorité des Chambres ; et cela est tellement vrai qu'il s'est avoué vaincu par la coalition, si monstrueuse, si anticonstitutionnelle cependant ; et que, malgré lui, à en croire les documents mêmes de l'époque, il s'est résigné à *subir* M. Thiers.

Or, si Louis-Philippe a eu réellement l'influence immense qu'on lui suppose, elle a été exclusivement morale : ce qu'on devrait en conclure, c'est que le Roi aurait été supérieur et aux divers ministères et aux différentes Chambres que nous avons eus jusqu'à présent, puisque tous auraient reconnu et accepté sa direction. Les accusations dirigées contre le *gouver-*

nement personnel du Roi aboutiraient donc à l'aveu de son éminence, et de la faiblesse soit des hommes que le mouvement électoral a élevés à la Chambre, soit de ceux que le mouvement parlementaire a élevés au pouvoir ministériel.

Et, dans ce cas, ce n'est pas lui qu'il faudrait accuser, car il aurait fait la chose la plus naturelle du monde, il aurait usé de sa supériorité : mais c'est le mouvement parlementaire d'abord, puis et surtout le mouvement électoral ; car ils auraient été au-dessous des nécessités constitutionnelles. En général, lorsque plusieurs pouvoirs sont en présence, il y en a toujours un qui domine: dans notre forme de gouvernement, en droit, ce devrait être le pouvoir parlementaire; si, en fait, c'est le pouvoir royal, c'est qu'alors le premier n'est pas ce que la constitution veut qu'il soit.

Et, en effet, qu'avons-nous vu depuis quelques années? une Chambre des Députés misérablement épuisée par un fractionnement infini; variable dans ses opinions, dans ses sympathies autant que l'état atmosphérique le plus changeant; sans élévation, sans unité de vues: aujourd'hui portant l'un sur le pavoi, et le laissant tomber le lendemain; voulant un jour la guerre avec M. Thiers, puis la paix avec M. Guizot: chambre si incertaine qu'elle ne peut assurer une heure, une minute de vie à personne; si inconstante, si mobile, que, comme une goutte de mercure, elle échappe sans cesse à toutes les mains!

Comment voulez-vous que cela gouverne? que cela, selon l'esprit de la Charte, domine et couvre la royauté? que cela donne naissance à un ministère homogène et puissant? est-ce qu'il faut attendre un enfant fort d'un rachitique, et la lumière des ténèbres?

Mais est-il vrai que depuis dix ans le Roi ait substitué partout sa volonté à celle des Chambres; qu'il ait suivi invariablement un système à lui; un système inflexible, *immuable?*

Durant le ministère de Casimir Périer, on ne l'a pas dit; on ne l'a pas dit davantage pendant le ministère du 11 octobre; pourquoi? Parce qu'alors, il y avait un ministère homogène, appuyé par une majorité non douteuse, et le Roi l'a laissé faire. Il aurait tout aussi bien laissé faire depuis quelques années, si les mêmes conditions gouvernementales avaient existé encore : il a conservé le ministère Molé tant que celui-ci a eu la majorité; il l'a abandonné, à regret peut-être, mais enfin il l'a abandonné en présence des hostilités de la coalition. Le ministère enfanté par celle-ci n'a pas vécu longtemps? C'est là surtout le grief du jour. Eh! mon Dieu, ne l'imputez pas au Roi: ce ministère n'était pas viable; il a subi sa condition originelle; né de l'union exorbitante de quatre ou cinq minorités essentiellement opposées et hostiles, il devait mourir le jour où l'une d'elles l'abandonnerait, et elles ne pouvaient toutes longtemps marcher ensemble.

IX.

N'accusons donc pas le Roi lorsque c'est nous tous qu'il faut accuser : députés de n'avoir ni système ni majorité, électeurs de ne pas créer une chambre qui en ait. Les affaires publiques vont mal; le mécontentement, l'inquiétude, la désaffection marchent avec rapidité sous un calme apparent; j'en ai indiqué les causes principales : elles cesseront le jour où la chambre pourra produire un ministère homogène, éclairé, ferme, assez assuré de sa majorité pour ne pas redouter une chute à chaque instant; et elle le pourra si le corps électoral comprend la nécessité d'en finir avec l'atonie et la division parlementaires, s'il veut substituer enfin la grande raison des opinions politiques, de la capacité, de la moralité des élus aux mille et une petites considérations plus ou moins personnelles, étroites, mesquines qui trop souvent décident du sort des élections.

Non, non, n'accusons pas le Roi des maux de la France: car, ils tiennent, je crois l'avoir démontré, et dans l'Europe entière les esprits élevés le savent bien, à notre incandescente agitation, à l'instabilité des ministères, à la faiblesse et à la mobilité des Chambres : à part ces tristes circonstances, le Roi voudrait tout ce qu'il plaira à chacun d'imaginer; il aurait promis, écrit, projeté tout ce qu'on lui impute, que le mécanisme de la constitution suffirait à toutes les situations. Mais il n'apparait jusqu'ici qu'une chose de toutes celles-là : c'est qu'au milieu de Chambres incertaines, sans système et sans majorité, le Roi cherche vainement une majorité et un système : il a essayé tout ce qu'on a voulu, M. Molé, M. Thiers, M. Guizot, mais il n'a trouvé de viabilité nulle part. Le terrain parlementaire est mouvant sous ses pieds, et il y marche comme dans un marais, comme sur une avalanche de neige, comme sur un monceau de sable, comme sur tout ce qui est inconsistant, d'une manière pénible et pour lui et pour ceux qui le voient.

Non, n'accusons pas le Roi, ne l'accusons de rien absolument; que la presse, que la tribune se taisent sur son nom; car nos accusations, fussent-elles justes, mal comprises, étendues, commentées, dénaturées, fanatisent les régicides au sein des sociétés secrètes; et, si un jour, le sang du Roi était versé par le poignard ou la balle d'un assassin, ce sang tacherait notre front à tous aux yeux de la justice divine!

www.ingramcontent.com/pod-product-compliance
Ingram Content Group UK Ltd.
Pitfield, Milton Keynes, MK11 3LW, UK
UKHW020527180726
13839UKWH00005B/2349